봄살

서정문학대표시선 · 57

초판 1쇄 발행 | 2020년 6월 5일

저 자 | 장규환

편 집 | 디자인그룹 여우비
펴 낸 곳 | 도서출판 서정문학
펴 낸 이 | 차영미
주 소 | 서울시 강동구 성안로31다길 8(천호동), 101호
전 화 | 02-720-3266 F A X | 02-6442-7202
홈페이지 | http://cafe.daum.net/seojungmunhak.com
이 메 일 | sjmh11@hanmail.net
등 록 | 2008. 3. 10 제324-2014-000060호

ISBN 978-89-94807-99-7 0--3810
정가 10,000원

이 도서의 국립중앙도서관 출판예정도서목록(CIP)은 서지정보유통지원시스템 홈페이지(http://seoji.nl.go.kr)와 국가자료종합목록 구축시스템(http://kolis-net.nl.go.kr)에서 이용하실 수 있습니다. (CIP제어번호 : CIP2020020999)

서정문학대표시선 · 57

장규환 시집

서정문학

| 시인의 말 |

제 삶의 중간 토막, 기독교 시무장로 40주년을 맞으며 첫 시집 『봄살』을 세상에 내보낼 수 있어서 초등학생 처음 소풍 같은 신남입니다.

습작시를 들고 처음 첨삭 지도를 받던 날이 생생합니다. '거짓말 말라' '너무 과장이다' '부정적으로 보면 안 돼' '진실하라' '겸손하라' - '이웃과 맑은 영혼으로 소통해야 한다.' 「심상문학회」 박동규 교수님의 말씀, 지금도 기억하고 있습니다.

풍경 있는 정자亭子 같은 글쟁이를 소망하며, 늦더라도 제대로 된다. 6~7년이 지나도 시는 제자리 걸음이었고, '그만 둬야 하는가?' 많이 자문했습니다. 그러나 하고 싶은 말을 지워버릴 수 없으니 내려놓을 수가 없었습니다.

「수원 남창동 최동호 시 창작교실(시사랑 협의회)」, 강의를 들으며 조금씩 눈이 열렸습니다. 10여 명의 교수(최동호, 맹문제, 조동범, 이찬, 장만호, 김종훈, 이승하, 유성

호, 박주택, 이수명, 이현승, 김구슬, 오형엽, 방민호, 권성훈)님들 덕분입니다.

더 많은 작품 발표 기회를 주신 서정문학 발행인 바우 이훈식 시인, 편집장 차영미 시인에게 감사합니다.

졸필을 마다하지 않고 해설을 맡아주신 권성훈(문학평론가, 경기대) 교수님 감사드립니다.
해설을 적용하여 겸손히 더 발전하는 독자와 소통하는 시인이 되겠습니다.
힘 닿는 한 시집, 신앙 에세이 등 계속하여 내보겠습니다.

사업 실패라는 엄청난 충격에도 말없이 함께해준 아내와 두 딸, 아들, 이 책이 조금이라도 위로가 되었으면 소원하며 두 손자에게는 좋은 선물이 되길…….
내 삶의 중심인 하나님께 영광을 올립니다.

2020년 4월

장규환

| 목차 |

제2부 삶, 그리고 인생

제3부 가족

제4부 다른 존재, 인간

해설

제1부

자연

봄맞이, 품의서

웅덩이 물 한 덩어리 만드는 겨울바람에도
벌거숭이 가지 바람마찰 한 나무

비릿한 속살
젖비린내

몸 푼
조갑 손
일제히 내밀어서

손등마다
햇살 아침 실한 봄살 골라서
이슬등 불 밝히고

배냇저고리 짓는 숲노래
돌돌돌 가락

종다리 편에 하늘
올려 보내는,

햇볕과 물

못자리, 이앙기, 가을걷이 맞춰서
적당하게!

개여울에서

산마루 비탈 금 따라서 이편저편 헤어진 빗방울
골 금 자국 때문 다시 모여지니
부르짖는 기도

웅덩이가 길 막으면
넘쳐흐르는 용기에게 하소서!
가난한 쇠죽통 소의 한 번 미소가 되더라도,

친구 하나 없어도
횡포로 가을농부 울리는 태풍
친구는 되고 싶지 않습니다.

물고를 넘지 못하고 숨을 다하더라도
피 서방네, 각 서방네, 논배미
마른 목 축축하게 하리이다. 한 방울까지

약속 잊지 않았지?
함께
춤추며, 노래하며,

도란도란 길 나서는
계곡물

고요

바깥은 어두움
안쪽 달볕 경계선으로 잠기는 물수제비
일어선 물결이 호수 가장자리 이르기까지

물결이 걸린 거물
출렁이며 수달이 다가가는
사이

동그라미, 세모, 네모
퍼즐 맞추는 은빛 눈망울

달음박질 둑방으로 수달 사라지고
바람결 몸부림 멈추기까지

어스름 은빛
제자리 시키는
눈동자 하나

걸작

소나기 막 거치니, 오름으로
무지개 솟아오르고
노을은 수평선에서 파도에 업혀 오고
녹색섬광 아름 하여 소년 달려오는

만남
순간

얼마나
기다렸던가!
붓 입에다 물고서

몸뚱이도
제 것 인양
다스리지 못하면서

힘 뺀
입술로만
선 그은

번쩍 끓어오르는 색깔 일곱,

파도 춤사위,
소년 추임새,

48디즈니랜드

버드나무 신작로길, 내려서면
말뚝박기 자치기 조붓한 고샅
끄트머리 집

어둠이
산이랑, 나무들이랑, 논두렁이랑
길, 담, 지붕, 모두 지우면

는개 피어오르는 부뚜막에
엄마는 호롱불 켜고, 누이가
골목으로 '밥 묵으라!'

툇마루 앉으면,
담벼락에는 초저녁부터 내려온 별들이
감나무 높은 가지 위에는 달별이
봇도랑과 들녘에는 개구리들이
놀자! 불러대고

잠꼬대 찾아드는 삼경쯤
고요도 잠든 골목 끄트머리
인기척으로 삽살개가 암구호! 하니

순라군이 딱! 딱! 패牌, 주이소!

동네 한 바퀴
발자국 삼키고 삽짝 밖에서는
죽지에 머리 넣고 은빛천사 졸음 하니
위 각단 부엉이, 아래 각단 여우 울어대고

정난에서, 꼬맹이
엄마! 거기 있어?

휴양림

새가
새벽 흔들어 깨운다.

안개는 산등선 길 잃고
오르락내리락 하는데

먼 데 계곡에서
물이 날 부른다.
군인 첫 휴가 때 엄마처럼,

엄마에게 안기 듯
계곡 새벽에 발을 폭 담그니

새들, 계곡물, 바람, 숲의 합창이
ㅏㅣㅜㅔㅗ, ㄱㄴㄷㄹㅁ, 도미솔, 파라도,
찌든 마음 쓰레기 쓸어 담고

하늘 계단을 오른다.
이인삼각 하여 떡갈나무, 참나무
잎사귀 흔들며 내려온 낮별 안고서

갈잎, 소명

억척같이 바위틈
채워서
옹달샘 올라온 물방울들

악착같이
절벽 뛰어내리더니
호수에 모여서

산, 나무, 하늘, 구름,
낮에는 어둠, 밤에는 빛,
몸속에 가득 채우더니

햇살 달살 찾아드니
바람의 비늘날개 타고서
별놀이 하는 데

잠수훈련 받는 가랑잎 한 잎
바짝 다가와 머물러 하지 말라!
널 냇가로 데려가야 하느니

신전마을, 4월 노래

봄비가
초록 젖꼭지
물리니

바람의 춤사위
계곡물 돌돌돌
들풀 둥실둥실

호수 비늘 줄 천, 천
햇살 천, 천 현絃을
소슬 바람이 뜯으니

라일락
무지개오선지
아리아

종달이 고르롭게
노고지리!, 노고지리!
하늘 홍 모우는

돛 올린

낮달

유년의 유람

일기장, 흑백사진

썩은 나무둥치 껍질 뚫고 나와서
산수유꽃술에 허기 채우는 쌍살벌여왕님

굴참나무 가지 끝에서 날개 펴는 산누에나방

낙엽 사이에서 몸 푸는 네발나비

낙엽더미 꼭대기서 일광욕하는 거미

빨 주 노 초 파 남 보 합창소리 참 좋은
짝 찾는 오목눈이새, 딱새, 박새, 방울새

산기슭 이랑이 긴 밭의 겨울 잡동사니
하얀 연기 쌓아 두 손 하늘 향하는
김 부잣집 댕기머리 상머슴

1960년 4월 5일

시골사촌

상가 골목 길섶에서 바짓가랑이
한사코 놓지 않는 도꼬마리,
"니, 여기까지 우째 왔노?, 까마중"

도심으로 굴러온 내력과 해일당한 이력까지
부끄럼 없이 말한다, 촌놈끼리

책보자기 길 나서는 꼬맹이 손잡고
"공부해서 니는, 부자 되거래이!"
"서울, 미국 가지 말고, 고향에서"
덕담, 노모의 흔드는 손은 명절 귀경하는
승용차 백미러에 표구해 뒀다며 눈물도 나누고

쪽박 샘 둘레둘레 초가지붕의 박
울타리 호박, 마당 감나무,
마구간 금송아지, 자랑도 해대며

잃어버린 고향 풍경
3도 부풀린 줄 알면서도
죽이 맞으니, 형! 아우!

시詩

연못 한낮 듬뿍한 햇살
곧고, 실한 심 골라서
연꽃배냇저고리 짓는

한 뜸, 한 뜸,
바늘이라도 틈 내지 못 할
촘촘한 고요

연못으로 마실 오는 애기바람
따라서 엄마바람도

애기바람 걸음 시늉하며
뒤따라 접근하는
물뱀 한 마리

연꽃잎 속 낮잠 개구리 화들짝!
청둥오리도 허급지급 날개 짓 하고
뚝 길 고양이는 삼십육계 하는데

꽃대만 출렁하고는
여전히 한 뜸, 한 뜸

고요 제자리 시키니

마침
날아온다. 노랑나비,
한 마리

낙엽되기 전

강원도 동서로 산길 연결한 공적功績
기리고, 계곡 양편 오목조목 풍경 노래한
한계령 휴게소 정자亭子 비문碑文

'아, 동서를 잇는…'

정자亭子 하나 갖고 싶다.

까치가 울어서 지평선까지 아침 열면
누구든지 오기 쉬운 작은 뫼

실개천이 허리를 감았다 풀고,
대나무 숲이 있고, 소나무와 잡목은 듬성듬성
바위 아랫도리 숨기고, 멀거니 오솔길 파수하는
조릿대 거느린 정각亭閣

바람이랑 숨바꼭질 하면서
삼짇날, 사금파리 아내
그리워도 해 보고

대나무 숲으로 마실 온 노을과 바람

하늘노래 부르는 저녁이면
하늘 내 집 소식도 물어보고

눈이 쌓이면
봄 여름 가을 겨울 찾아온
발자국들, 엽서에 박제하고
시詩 한 수 보태서 우체통에 넣는

5월, 그림 한 장

찐하게 화장한
아카시아 꽃, 밤꽃, 찔레꽃은
달볕 은은한 툇마루에 퍼질러 앉아서,

짓밟히기만 하는 질경이도
꽃대 한껏 실룩거리면서,

뒤태 길목 가득
사향麝香 넘치게 하니

벌, 나비, 벌새는
예쁜 옷 입고, 연지하고
꽃술 아장아장 애무하고

비둘기는 구구구
뻐꾸기는 뻐꾹, 뻐꾹,
중매쟁이 불러대고

딱따그러!
신혼집 지어대는 딱따구리

애들은 저리 가라! 약장수,
배 불룩한 처녀 인사 받으며
함빡 웃는 철이 엄마, 아버지

민들레는 자녀
분가 준비 다 하고
이삿짐 차를 기다리고

어떤 이별

뿔뿔이 모두 흩어지고
홀로 버려져서도 떠나지 못한 동네엄니
그리움으로 찾아간

경부고속도로 대구 부산 간 8차선 확장
빨간 깃발 휘날리며 중장비 소리 요란한
유년시절 옹달샘 : 옹기종기 열 초가 젖가슴

가장자리는 고적처럼 시누대가 푸르고
밤송이, 가랑잎 주검이 가득하다
생쥐, 고양이 주검까지

주검들을 걷어내니
"오, 너였어!" 환하게 내미는
손바닥만 한 얼굴

궁금해 하는 소꿉친구들 안부
뇌졸중 훈이, 부산 공무원 쟁이 구야, 패륜아 용이,
작가 호야, 부도당한 병이,
세무 쟁이 진이, 이승을 떠난 익이, 줄줄 하고

만나지 못한다 하니
“해, 내일 또 뜨잖아!”

“너와 난, 중장비 소리 한 번이면 다신 만날 수 없어!”
얼굴과 상반신 쓰다듬으며
조용히 흔들리면서,

엉겁결 머리 숙여
얼굴 마주하고
안녕!
혼자여서 미안해

첫사랑

버찌 서넛 우물거리며
걷는 6월 벚나무 오솔길

입안 시큼한 뒤뜰
살구나무 밑
평상 위 사금파리 살림살이

짝꿍 순이
사별에도 따순하게 살고 있는지?
멈춰선 백미러에도 뵈지 않아서,

발자국 뽀도독, 뽀도독,
씨앗 발라서 멀리 뱉는데

숲 속
몇 송이 벚꽃
하필 다정한지!

우수雨水

감금된 고드름
바위 틈새
마사지하는 봄볕

아지랑이
혓바닥 죽지로
지평선 밑바닥 밀어 올리니

영양분이 배달되어
물방울 만세!
쏟아져 나오니

음지, 달팽이관
무료 이식한다.
햇살,

구석탱이도
자유
하도록

제2부

삶 그리고 인생

유년

재래시장 난전으로 내리는 눈
갓 태어난 송아지 걸음 아줌마 아저씨
이인삼각 하는 남녀 한 쌍
발자국들

갈팡질팡 꼬맹이와 강아지
춤사위 흔적까지
하얗게 지우니

고요
안쪽으로
팔짱 끼는

눈사람
하나

무서워지는
그리움

너
뭐 하니
지금

소꿉친구 소통

결혼식, 장례식으로
고향 가는 길은 자주이지만
서로 시간 맞추기 어려워지니

전화한다, 꾸러기 목소리로
꼬치미 보내래이! 강냉이도,
찐쌀과 고구마도!

언제, 어떻게, 만나든
어제 헤어진 만남 같고,

이인삼각으로도
파도놀이 단 번에 넘고,

햇살, 달볕, 별빛으로
어릴 적 그림자들 엇갈려도
꼬맹이 적처럼 인마! 점마!
내지르고 싶어서

자립

6.25 때 월남 한
외톨이 사춘기
무엇이든 할 수 없는데

검정 누더기 입고, 법전 들고
읍내 사거리에서 정오면 외쳐대던 아재
해탈처럼 보였으니,

아무 때나 어디든지
맘대로 문 열어젖히고
밥 달라, 돈 달라

자꾸 부러워지고
손짓이
더 가까이 안아왔지만

엄마 얼굴; 세상에 보내온 이유
'일하기 싫어하면 먹게 말라'
귀속 엥엥 거려서

우울

두 자 땅속까지 얼어 붙이는 겨울
반 치 안 되는 껍질 속에 물 띠 두르고
나이테 지켜내는 뿌리.

떡잎파리 둘만으로,
땅덩이 뭉개고 제자리 잡은 바위도
밀어올리고 환히 웃으며 팔 흔드는 양지꽃.

높은 산의 눈과 고드름 녹은 물웅덩이에서
발 식힌 열 모아서, 잎사귀 북돋아
피워낸 부채꽃, 눈색이꽃.

봄날 재간이 몸에 배니, 사거리 광장에서
법전 들고, 사람 위에 사람 없고, 사람 밑에 사람 없다!
오른 주먹 두 번 툭, 툭 하는 용이 아들

박각시나방

평생교육원 동아리 문학기행 날
토끼풀 꽃시계 빼앗아 끼고는
팔뚝 문지를 틈새로 걸으며,
넌, 내 짝꿍이야!
진종일 해바라기 한 여인

아내가 잠꼬대 하며 옆구리 파고드는데도
계곡물 밤소리로 속삭여대는
팔뚝으로 흐르는
낮의 전류

농담이라면서!
연거푸 차단기 내리지만
마음은 여전히
초가지붕 박꽃 조도照度

반복 반짝거리는 날개 짓
벽 부엉이 두 번 울어대지만
멈출 기미 없으니

문득

유심히 살펴지는
아내 잠든 얼굴

특강

휘청거리는 어둠 속 일으켜 세워주는
목로 점 부침개 냄새, 야채시장 흥정소리
따라서 간 재래시장

푸성귀 난전 노인네
떨이 몇 봉 몽땅 집어 들면서
어머니! 하니

벌은 촉심으로 살제 만은 노인은 자식들 힘으로 사는 법이제*

* 좋은 생각에서 차용

인생

하늘에
이마 붙인 산꼭대기
따라서

풀, 꽃, 돌, 봉우리, 나무, 산, 봉오리 내음
산새, 벌래, 바람, 소리 향수
온통 품기며 마을로 내려온

마을에서 바라보면
구름 둥둥
산꼭대기 거기지만

산마루 오르면
하늘은 멀어지고
길은 숨겨졌으니

마을에서나
산봉우리에서나

시작은
허공

홈커밍데이homecomingday

꼬맹이 둘이 손잡고 흙바닥에 그린 동그라미
가장자리 안, 이쪽, 저쪽 한 뼘 자리 집 짓고
동전만한 납작 돌, 손가락으로 세 번 튕겨
제집으로 돌아온 금만큼 자기 땅

점심시간 내내 한 치라도 더 차지하기 위한 안달
오후 첫 시간 시작 종소리 땡, 땡
아쉬움, 안타까움, 손 털고, 옷 털고
일제히 교실 뛰어 들어간 지

반세기 지나서
모이니

경축! 사법고시 합격 현수막 휘날린 반장 철이
이름표에 고古자 성이 하나 더 붙었고
구구 셈 못하던 유급생, 돌이
어망 총판(주) 대표이사 휘호 붙인

국기게양대
펄럭이는 태극기
새마을기는 흔적도 없고

졸음 깨우던
잘 살아보세, 우리도 한 번
선생님 풍금소리 그리워지면서

동전닢 튕기며 금 긋던 손
다른 그림자들
건배!,
우리가 남이가!

주인공은

온 하늘 별들이 잠자지 않고
애쓰지 않든가? 모두
찰나에 왔다 사라지는 별똥별 우아하도록

벼랑 위 꼬부랑 솔 나무 광채는
산이 숲 만들고, 이슬이 새벽 마다 바위 이끼 키우고,
달별이 한참일 때 소나무 높은 가지 위로 달이 학을 초청하기 때문.

꽃다발 장미는
부둥켜 안은 안개꽃 위해서 이고.

한 카트(cut) 연기해도 그대 위해서

많은 출연자는
땀범벅으로 연기하고

해가 뜨고, 달이 지고
계곡물이 바다 찾아 구불구불하고
봄, 여름, 가을, 겨울 오고가고

농부가 농사하고
장사꾼이 쌀을 팔고
앞차는 추월 자리 내어주고

퇴직 연장

계곡물소리, 딱따구리소리, 장끼소리, 두견소리
바람이 지휘하는 숲속 코러스
베이스(bass) 자리 당당하더니, 솔방울

자리 내주고 숲속 바닥에서
불어내는 휘파람

화음 시키던 가락은 가습기 습기 풀어낼 듯하여
해변 파도처럼 준비한다.
바람 내려오기를,

내려온 바람은 해변 숲
멧새소리, 나무소리, 파도소리만
돋우고 올라가버리니

고부스름한 산책로, 공원 벤치에서
통기타 가락 고부장한 풍경소리

까치, 직박구리, 참새, 섶 줄타기하고
호수 가운데서 발레 하는 청둥오리와 두루미

발자국도 삼삼오오 지나가고, 모이고
박수도 하면서,

칠순 넘으면

떨어진 예쁜 단풍잎
가랑잎굴렁쇠 만들더니
바람이 갈, 갈, 노래 시키며 데려간다.
훌쩍,

빈 몸 되어서, 모두
천사 노래 들으며 따라가겠지
문득

좋아하는 책도,
성공하고 싶어 하던 일도,
사기 당했던 것도,
사기 친 일도,

손 놓아진 채.

책망 받지 않으려고
끝까지 속이려 했던 변명
고백하는 나이
곁눈질 무시하고,

남겨진 세월에서는
주인답게

안방 지키기

호수 가득 돋은 윤슬
온 마실 반짝대는 라일락 향기

한 폭씩 뚝 잘라서
신발 한 켤레, 드레스 한 벌
만들고

그대 위해서
별까지 간짓대질 해 준다는
약속

서로, 믿으며
변함없이 기대하며
유쾌한

사랑

시각, 청각, 지적 장애까지
입안 가득히 채워 넘치게 하는
엄마 젖꼭지

포근히
마음, 생각, 행동
끌어 품는 자석

소유하려 하거나, 누리려 하면
한 끈이 부족하지만
나누면 넉넉한 한 아름

한 짝 신발만으로도
더불어 끝없이
걸을 수 있는 마술

순간, 눈부신

산중턱 솔밭 높은 가지 위
대여섯 학이 더불어 껑충거리며
날개 너풀대며 허리 진동하는.

3월 꽃샘추위 볕살의
스포트라이트 받는 여학생
갓 씻은 김장 무- 맨 종아리- 가뿐가뿐 하는.

쇠똥구리 쇠똥 굴리듯
찌그린 알루미늄 깡통 넣은 자루 싣고
고물상 성城 올라간 유모차

할머니, 슈퍼 들러 나온
뒤춤 한 손안 까만 봉지
뒤뚱 뒤뚱 하는.

덕담

밤새 처진 날개 쓰다듬고
어깻죽지 겨드랑이 간질여서
세상잎사귀 헹군다. 온몸 푸르게,

햇살 붉게 돌아올 낌새채면
남은 것 다 모아서 한 모금까지
하루뿌리에 몽땅 주는 하루살이

지난 밤 정기 긁어모아서
맏이 이름 텃밭에 붙이고 일구는,

니, 부자 되었다는 소리 들으면,
눈 꾹 감고 가지!

세대 차이

도심 고교교정의 느티나무 숲
비둘기 노래

구순 노모는
자식 죽고, 기집 죽고, 나 혼자서 우째 살꼬!

손자는
구구 구구, 구구 구구, 구구 구구

아들은
브우, 브우, 브우,

함께
아침 식탁에 앉지 못하는
식구

제3부
가족

문섬 횟집

회 쳐진 참돔
부릅뜬 두 눈
쓴웃음, 외면하려고

빨간 초장, 겨자를 흠뻑 치고서는
왕지네도 먹는 비위인양
거드름을 피우지만

제주 문섬 15M 계곡 큰 수지맨드라미 군락 속
친구까지 불러 꺼드럭대며 사냥 나간
남편 기다리는 참돔 가족

사진이나 한 장 있을까?
원망처럼, 그리움처럼, 눈물처럼,
틀에 간직할.

횟집 창밖에는
온 거리가 축하하는
신혼여행 커플들

새벽 기도 함께 한 아내,

집사람 조금만 나보다 더 머물게 하소서!
되새기며

회 꾸역꾸역
집어 삼키니

줄

동아줄 그물은 엄마, 당기면
밧줄 따라서 아들들, 며느리들, 손자손녀, 딸들,
매듭이 엄마에게만 있어서 풀 수가 없다.
악다구니로 뜯으려 해도,

밧줄 그물은 형제, 코를 서로 이은
매듭이 서로에게 다 있어서, 풀어버리면
엄마 밖으로 날아 가버리는 연

줄의 심은 사랑
녹슬게 하는 것은 투덜거림
녹은 엄마의 그물도 구멍 나게 하니
코는 허물어지고,

밧줄이 끊어지지 않으려면
서로 심을 노래하면서
코를 든든히 맞붙여 엮어야

자존심

쌀이랑 산채, 푸성귀 , 달걀, 송아지,
팔아서,
책상, 책, 학급비, 갈치, 꽁치, 가자미
사고,

탈곡기, 장독, 설빔
장만하는 새마을 노래 우렁찬
5일마다 오는 장터

땡볕 반죽된 민소매 알통 꺾는
선술집 아지매 육자배기 애교범벅,
엿장수 찰방 가위소리. 대장간 회 치는 소리.
장터 끝자락까지 단 번에 달려가는데

막국수 집, 가운데 탁자에 국수 한 그릇 시키고
손자유니폼 소매에 뺏던 노란 완장 채워주고
속옷 안 빨간 주머니 꺼내는데, 천천히,

할매!
장손, 공부 잘 하제에?
암, 공도 잘 찬데이!
새마을 노래 앰프소리보다 반 옥타브 높은

녹슨 은장도

초미세먼지로 헐떡대는 잎사귀들
밤새, 헹궈 세상 밖으로
내세우는 이슬

새벽 오는 기미 이르면
잎사귀벼랑에서 나머지 세상 뿌리에 뿌려주고
소천召天하는 시간

앞서 일어나서
어이 일어나라!
어이 먹으라, 어이!
들판 나간데이, 엄마.

동네 한 바퀴 산책하는 노모
니가 대통령 된다 카데에!
고향 가면, 전부 니 땅이 제에!
덕담 소복소복 하더니

이놈이 날 개새끼 끌 듯
끌고 간데이!

팔아 묵을라고

하늘처럼 키았는데,

칼로 물 베기

반짝 하늘과 파란 바다
싸움 한 판
수평선 먼저 차지하려고

바다가 먼저 하늘엉덩이 물어뜯으니
하늘이 엉덩방아 찍어서

바다는 산산조각 파도 되고
하늘은 파란 독이 번지니,

바다가 바람에 파도 조각날 붙여서
하늘밑동 설겅거린 금 자국으로
햇살이 흘러내려서 바다 반짝거리니

진 빠진 바다, 하늘
씩씩대며 등 돌린다, 해변에서
먼저 말 걸어오기를

밤과 거시기로
슬그머니
깔깔거리니

눈이 오면

명절 귀향 막차
재래시장 난전
악다구니

포근히
껴안으며
쓰다듬으며

하얗도록
씻긴 제단

녹인 눈물 한 사발 올리고
앞서서 발자국 놓아 주이소!
새벽 목소리

시작해 보아래이! 장손,
누구 흉내도 말고
너답게!

정情

산이 한 눈 파는 사이
나무 윗길 지우니

올빼미도
소쩍새도 박쥐도
꼼짝 못하게,

발자국 덮어버리니

찾아 가지도, 오지도 못하게
고라니 멧돼지도.

온통, 새 하얗게
어두워지는데

갑자기
천정 온 밤 무게 눈망울이
노려보니

문득, 다정해지는
옆구리 숨소리
아내

마지막 친구

예약하고 간 삼성의료원
아내의 심장, 부정맥 사진 설명 들으려

한 시간 대기 지나가니
대기실 안에 득실거리는 짜증
남자들은 더 한 층인데

멍청한 할배는 할머니가,
할아버지는 맹한 할매를,
화장실 가는 기억 오래 챙겨주려고

의사 처방전 같이 부드럽게
미소 비빔 한 얼굴
옆구리 안고 사랑으로

걱정 마!
마음 도장
꾸욱 찍는

기억의 안쪽, 하얀 무

김장하다 말고,
접시에 담아 온 하얀 무
시원하고 달싹한 추억.

송아지가 젖 보채는 겨울 신 새벽
꼬맹이 깨우고,
오늘은 이거 묵으면 인삼보다 좋데이!,

V형 가지로 새총 만드는 나무에도
보는 만큼, 아는 대로
절구방아, 지게, 쟁기, 활, 배, 종이
선물이 있데이,

자꾸 나누거래이!
옆에 사람이 많아야 진짜 부자데이,

가문이 상 받기는 3~4대 본을 보여야 한데이,

ㄱ자도 모르던 할매의
최고 자랑거리
장손

맏이바리기 편지

가을택배 속 봉투 하나.
달력도, 시계도 필요 없는
햇살 산 넘어오면 이부자리 들고, 가면 잠자리 드는
노모가 보낸,

명절 지나서부터 이웃 이야기는 거꾸로 선 텃밭걷기 고추글꼴로
할머니 옛날 이웃 더불어 나눈 애기는 참기름 들기름글씨체
봇도랑 모랑이 아카시아 둑길 오락가락 하던 도깨비 애기는
수염 하얀 옥수수글씨체로 적었고
겨울 밤 심심하지 말라며 논두렁, 밭고랑 내력, 마을 고깨이 전설은
눌러 쓴 화로속 군밤글씨꼴

게으른 워낭 울려 퍼지는 언덕빼기 솔밭
바람이 갈잎 굴리는 마당과 골목 보름달 놀이터, 감나무 홍시
오순도순 한 마디도 없는

추신도 없는

회초리

태풍이 노략질하는
8부 능선 등산길 지키다
허리 급소 맞고 누운뱅이 된 소나무

등산객에게
허리 그냥 밟히면서도
내내 아무 말 않는

강하게 바람 쳐올릴 때만
이놈들아!

숯가마, 낟가리 등짐하고
서른 청상으로 9부 능선까지
올라온 노모.

하늘에 올린 에드벌룬
완전 찢겨진 맏이
세우고

보릿고개에도
너, 흰 밥 먹였데이!

네 새끼 위해서
너도!

한 톨 쌀

쌀 한 톨 집어 든다
빗자루질 하다 말고,

멍하니 바라본다.
손자들 먹다만 밥그릇.

티눈 들어 펴보지 못하고
오갈이 든 시절

삼복 땡볕이 종일 부아 일삼는 물 논에서
서른 청상과부 넋두리
마무리까지 들어주던 친구.

덕분에 아이들 셋, 잘 키앗데이
다, 시집장가 가서 아아들 낳고 잘 산데이!

싱크대 밑으로 밀어 넣으면서
촉촉해 번진 눈시울

손자 숟가락, 아들 얼굴
쳐다보더니 안방 들어가서
문 잠그는

맏손자

오달진 새벽이슬
병 가득 채우면
독한 병도 치료된다는 백로

지나서, 다섯째 날까지 기러기 고향 오고
제비 가족은 고향 간다. 보름 지나서부터 다람쥐는
도토리, 밤 겨울곳간 짓고

연분홍 바람 오는 길목에는
솔 나무와 억새
새치 수북해지는데

곱게 접은 포대기 속
새근대는 소리

아버지 목소리 메아리
내일 할아버지 벌초 다녀오자
애비야!

으앙!
하나님의 첫 선물

지울 수 없는 순간

취직하겠습니다.
아빠를!

깜깜하게 흘러나오는
눈물 묻은 기도소리

영문과 졸업하고도
성학을 포기 못하고
피아노 레슨과 개인교수 받는 큰 딸

사업 쓰나미로
스스로 현상 수배된 아버지
위하여

잘 박힌 꿈
뽑는 망치소리

배움, 손자에게

인도 선교사 아들 가족과 딸 둘
아내와 추억 만들기
경주 여행

일찍 아버지 계시지 않아서
대접하기, 함께 여행하기, 정 나누기
보지 못했으니

꼬맹이들에게
오순도순 배우는
더 행복한

덕분에
잔치하듯 살려고

하나, 하나
기도하면서

까치 우는 날

초등학교 6학년 겨울방학
6년 추억 뒤풀이, 1박 2일
진한 저녁 밥상머리에서 친구 엄마
"니가 온다고 아침에 그렇게 짖었구나!"

송아지 팔러가는 날 아침, 사립문 밖 향해 울어대면
저녁 밥상에 웃음보따리 펼치고
엄마가 "등록금 걱정 말고 공부나 열심히 해레이!"

육군 훈련병 시절 편지 오는 날은
높은 버드나무 가지 출렁대며
날 보고 안테나 흔들면서 열창하더니만

스마트폰이 질문마다 척척 정답 해대니
신통력 개발 못한 질투로
꿀단장 든 애먼 아파트 새벽 앞서 부지깽이 질 해대니

10순 노모
"꼬끼오, 아침 묵제이!"
쿠쿠 밥솥뚜껑 두들기며

고목

제 무게에 겨워서 쓰러진
옆구리 농 가득한 생채기로
잎사귀 용하게 피워 올려서

떠돌이 버섯 불러
집, 하나 주고
개미에게는 영양제까지 실어 보내고.

해 뜨면 맞고, 땅거미 불 밝히는
하루 심심풀이 아까워서

텃밭 구석 없이 이랑 내고
딸, 맏이, 막내 이름표 심고
아흔아홉 덩이 덕담 주고

저녁 맏이와 전화통화
몸이 찝찝하니
내일 비 올끼데이!

치매

이부자리 세탁하는 토요일
아침 밥상 거절이다. 노모

서른 청상과부 70년
기억 마우스 빨간 불 켜고

여우골, 도깨비골, 흉년과 풍년
은장도 커내어서

너거! 고래 변할 줄 몰랐데이
내 팔아 묵을라고 거라제에

고향에서 딱, 죽엇뿌야 되는 데에
와, 여기 따라 왔노?

창 너머 직진 파란 불 켜지니
도깨비요, 이 연놈들 용서하지 마이세이!

양달과 음달은 해 가리는 구름 탓이지만,
사랑의 공급만큼 양달이라는 의사의
처방전 따라서

아침저녁 세수시키기, 밥 드리기, 목욕시키기
가려운 등 종아리 로션 바르면서 예쁩니데이!,
고맙습니데이!, 최고입니데이!

마침내, 미안하고 부끄럽데이!
앉아서 얻어 묵고 돈만 까 묵어서,
니는 저거 큰 집(아파트) 산다 카더레이

아들 외출하면, 며느리 불러서는
니는, 내가 밤에 떠들어서 애비 말라 죽인다 그랬제에!

제4부

다른 존재, 인간

이웃

한낮 햇살조리개로 민들레 꽃잎
노랗게 마무리하는
고물상 성城 오르막 길

지게짐 진달래 흔들림 같은
폐지 실은 유모차
지그재그 아우성

할매 종잡을 수 없는 이마 땀방울
바람이 결 사이에
정신없이 쓸어 담는데

학생들, 아저씨들은 서로 곁눈질
자동차, 승용차는 빵, 빵, 혈기
아줌마는 머플러 맴씨 돋우는 척 해대니

산들바람이 민들레 향기 데리고
급하게 데려온 노랑나비 둘이
유모차 곱살스럽게 밀어 올리니

월남한 사춘기

심부름 갔다가 전쟁 북새통
휩쓸려 월남한 열네 살 소년

배고프고 갈 곳 없는 설움
보다, 못 견디게 하는 것은
며칠 동안 입안에 그냥 고이는 말

보름달은 엄마 얼굴 닮아만 가고
별들은 자꾸만 친구들 말을 흉내 내어서

보고 싶어서, 부를 수 없어서
지치고 또 지쳐 누웠을 때
가만히 함께 누운 그림자

욕설 퍼 부어도,
소리 질러도, 노래 불러도,
해 달과 더불어 있어줘서,

어머니 그리워서
입안에 말이 고이지 않게
실컷 넋두리 하게 하는
끝까지 들어주는 친구

씨앗, 말 한 마디

걸어서 나온다. 휠체어 그림자도 없이,
흑인이라서 27년 옥중 생활 한 만델라
73세, 출옥하던 날

건강하게 걸어서 나온 비결 묻는
기자에게, "고독의 침묵 덕분에,
말이 얼마나 큰 영향을 미치는지 알게 되었다"

미련으로 돌아본
롯의 아내는
소금 기둥이 되고

쟁기를 잡고 돌아보는
어른들은
하늘나라에 합당하지 않고

굴러 내려온 바위를 매일
언덕 위로 밀어 올리는 시지프
하루를 감사하고, 새날도 돌을 굴려 올렸으니

그는 앉아있지 않고

침묵 밀쳐내고
감사, 감사,

말 대로
대통령이 되고
화해 이뤄내고

독서

엎드려 기도하는
가뭄

마침, 모인 회색 구름
급하게, 하늘 북쪽으로 집결하고
바람 앞서서 산과 들 달려온 빗방울

창문으로 뛰어올라
땀범벅으로 하는 수화
알아 듣지 못하니

소나기 돌아가고 먹구름 뚫린
파란 하늘 닿은 햇살터널로
쏟아지는 황금하늘새

닫힌 창문 통과하여
방안 가득해지고

봇도랑물 노래,
지평선 서너 치 들판으로 가라앉히는데

소나기조리개로 분탕질 당한 엄마
방문 확 열어젖히며 책만 읽으면,
가뭄 당하지 않겠니?

꼰대

5일 장터 장돌뱅이 아재들
노랫가락, 호걸소리

거들먹대는 봄볕 세상
잡아 꺾는 코맹맹이

세상이 문 열고서 속 보이며
처음으로 가까이 다가온

달콤하고 행복한,
순간에 내려다 본 벼랑

과녁 어긋난 화살
넓은 오지랖

칠순에야 눈치 채고
말로, 글로, 전해주고 싶은

혼란의 미래 경청하는
징검다리 대화마저
비토veto 한다면.

불안감 가득한 세상 겪을 세대여,
무지와 가난은 삶의 주초를 도굴하니,
이념이 아니지

헛소문

인터넷 뻗어 있는
깊은 물길
옹달샘에 모여서

졸,
졸,
졸,

퍼 나른 사람들이

쪼올,
쪼올,
쫘알,
쫘알,

마을골목마다
번득
히득히득

처녀
애를 낳았다고

무시당하면

우회전 쪽 횡단보도에서 새벽 여유만만
양반걸음 시늉하던 비둘기 두 마리

뛰뛰! 빵! 빵! 차들 갑질
화들짝 아파트 키만큼 솟아오르더니

쏜살 내리꽂는 하얀 똥 줄기
승용차 지붕, 앞 뒤 창,
적중!, 적중!

하이파이프 하면서
날지도 못하는 것들이!

하루

어제
내일이 궁금했던 꼬맹이
오늘이 내일이지 한

장래가 현재 아니고
지금이 과거 아닌 공식
푼 답으로 종일을 채우면

흰 것 열둘과 검은 것 열둘은
언제나 선물

싹, 잎, 꽃, 열매로
철 맞추고
겨울잠 자고

풀지 못하면
어제는 내일까지 베고
눈망울에는 그림자가 온종일

착각

잠자리 잡아채는
새
시늉해보고 싶어서

어항 윗부분 하늘물속
난초에 앉아서 두 손 청소하는 파리
명중하여 튀어 오른 금붕어

지느러미, 꼬리, 힘껏 당겨 튕긴다.
어항 난간 하늘물속에서,

로또 추첨하는
4, 9, 8, 22, 43
텔레비전

일주일 집중한
가운데 하나
작살 빗나가고

물을 내뿜으며
멀거니
사라지는 향유고래

삶의 채무

3일 눈 뜨는 소원이 이뤄진다면, 헬렌 켈러 여사는
첫째 날은 저녁노을을
둘째 날은 먼동 터는 새벽 영롱한 별들을
셋째 날은 출근 모습과 밤의 쇼우 윈도우를
보고 싶단다.

아주 사소한 일인데,

중환자실 친구는
하루 30만 원, 한 달 900만 원 지불하고
산소마스크 대금으로,

본 것, 숨 쉰 것, 마신 물까지도
공짜로 지금까지 사용하는 것인데,

엄청난 청구금액은
꽃동네 중증장애인들이 누워서, 씰룩거리며, 먹지 못하면서 대납한다네.*

꼼짝 못해서 재청구 못하니
모르고 살고 있을 뿐

하나님 공책에는 기록된
채권자
꽃동네 장애우

일찍 깨달은 테레사 수녀는
45년 동안 다 갚고도
12광주리 전설을 남겼는데

* 김수환 추기경이 꽃동네 준공식에서 한 말

잠자리기도

아내랑 권사님 외손녀 첫돌잔치 가는데
핸들 앞에 붉은 성경 태우고서,

차선 바꾸려다, 구간 버스가 "이놈!" 하여
다소곳 기다리니

딴청 오래 부려서
깜빡이며 조아리니

눈 부라리고
쌍욕질이라

삿대질! 하려니, 아내가
"성경책을 태우고 있어요!"

'말하려면 주의 말씀을 하는 것 같이 하라' (벧전 4:11)
'너희는 세상에 소금이며 빛이야!' (마5:13,16)

애먼, 아내에게 마구 침 내질렀으니

오늘 부끄러웠습니다.
온유를,

더 나은 세상

밭을 주소서
심은 대로 거두게 하는 주여!

씨앗, 창고에서 썩히지 않도록,
쥐가 먹어 버리지 않게,

고르고, 뿌리는
시기를 아는
명철까지.

아우슈비츠에서 '씨앗을 모두 태워라!'
가족 때문에, 출세 위해서,
아이히만이 되지는 않게 하소서

더 나은 생각으로
내일을 위해서
이웃을 위하여,

인도하소서.
간사하니,

섬김

휴지 없어서
문이 잠겨서
아슬아슬 창피 면하고
큰 숨 돌리는데

'변기에 제발 담배, 생리대, 물티슈, 넣지 마세요!'
'시원하게 보시고 나가실 때도 시원하게!'
'감사합니다!'
속삭이는 소리

휴지도 아주 살쪄 있고

뚜껑 닫고 물 내리고 손 씻으니
수건도 반듯하다.

문 열기 전
더 살펴보아도
저절로 머리 숙여지는데,

꽁초, 생리대, 물티슈 넣은 사람 있다니
화가 치미는데

그냥
문 잠가버리면 될 것을?

낭패당한 한 사람
더 사랑하는
하나님 마음이

손가락질 당하는

「송사함으로 너희 가운데 이미 완연한 허물이 있나니」(고린도전서 6:7)

그러나

변호사의 법리해석이 우선해진
이권 맞춰서
노트정리가 달라지고
채택 증인이 달라지니

피고!
원고!
십자가 사랑하지요?

하나님은 다릅니까?

오리를 가자면 십리를,
겉옷 달라면, 속옷까지,
서로, 사랑하라!

얼마나 난처할까요?

하나님이

「우리가 천사를 판단할 것을 너희가 알지 못하느냐」(고린도전서 6:3)
「그 형제간 일을 판단할만한 지혜 있는 자가 이같이 하나도 없느냐」(고린도전서 6:5)

반딧불이

추녀 끝, 마당귀, 돌담, 잎사귀 가장자리까지
고요 번진 퉁소소리 같은
달별 해조음

산마루 위에서는
별똥별 발레와 별들 돌림노래
절정인 뮤지컬

은빛자락이
고샅 끄트머리 담벼락
꽉 채운 호박꽃, 삽짝 기웃거리고

온 골목 피어오른 는개 덮어서
배냇저고리 포대기 두고 떠난
주홍글씨?

부엉! 부엉!
멀었다,
가까웠다,

자비

삶이 폐기처분된 뇌 교통사고자 멀거니
기억 하나 손짓으로
휴지통 속에서 건진 꿈

허름한 뒤 계단 창문 반 열고
피어올린 불잉걸 안에서
하얀 뱀 똬리 풀어서 하늘로 올려 보내니

아버지 흉내하는 원숭이!
뒤뜰 청소년들이 마구 던져대는 돌팔매질

버럭 야단치는 계단 문
아이들이 줄행랑 하니

슬며시 출입문 열고
나오는 바람

궁금한 첫 인사

그분이 무덤에 계신다면
40여 명의 선지자들 예언은 거짓말 되고
창조도 사기가 되겠지, 성경까지도

죽은 지 사흘 지나 무덤 비우고
말씀처럼 갈릴리로 오시고, 11제자들에게 보이시고
500명 무리에게는 일제히 보이시고
다메섹 길에서 바울 불러서 이방의 사도로 보내신

하늘로 가시며 약속;
새 하늘과 새 땅에서 너희의 거처가 준비되면
너희에게 오리라, 300여 회

故 우월 김활란 박사는 자신의 생명 등불이 꺼지려 할 때
'하늘 문이 열리고 황금 길이 보이는구나. 슬퍼하지 마라! 고향으로 돌아가니
개선행진곡을 불러다오!'

땅에서 끝나지, 돈이면 그만이지!
하나님이 있긴 어디 있어?

과학으로,

그 사람,
거기서 만나면

첫 말이 무엇일까?

해설

고백의 신전에 바치는 성찰의 시편

권성훈(문학평론가, 경기대 교수)

1.

인간 존재는 시간으로 견인되며 공간에서 파악된다. 그것은 시간 속에 존재하는 존재자뿐 아니라 정지된 비시간적인 것에서도 포함한다. 이 시공간 속에서 자신을 검열하는 시는 적극적으로 자아를 회화시키면서 주체의 진정한 의미와 정체성을 성찰하며 생성해 낸다. 이러한 측면에서 자아를 드러내는 시어는 존재와 윤리 사이에서 관계하며 그 존재가 놓인 시공간에 개입하며 통속적인 것에서 비통속적인 것까지 '자아 성찰'을 위한 '고백의 언어'로 구성되기도 한다.

장규환 시인의 이번 첫 시집 『봄살』에서 존재적 성찰을 바탕으로 한, 고백적 언어가 지배적이다. 이 언어는 사물과 세계로부터 자아를 발견하는데 집중되어 있는바, 결핍된 자아와 부재된 자신을 반성적으로 소통한다. 고백의 언어 밖에 있는 시인은 시어를 통해 억압된 자아로부터 해방되면서 과거의 존재를 벗어난 자아를 시적으로 완성하고자 한다. 물론 그의 시는 자아의 심연에서 고백적 윤리가 발생되는 것이지만 사실 타자와 세계 간의 관계 속에서 형성된다. 그러면서 타자에 대한 이해와 상호존재에 대한 관심으로 상대를 대신하여 배려해야 하는데 있다. "더 나은 생각으로/ 내일을 위해서/ 이웃을 위하여"(「더 나은 세상」) 그의 시는 열리고 때로는 "보고 싶어서, 부를 수 없어서/ 지치고 또 지쳐 누웠을 때/ 가만히 함께 누운 그림자"(「월남한 사춘기」)가 말하는 그리움으로부터 소환되기도 한다. 이러한 존재의 물음에 답하기 위한 것으로 채워져 있는, 그이 시편은 현존재의 길에서 보다 높은 차원의 길로 이어져 있다. 거기에는 형이상학적인 의식에서 벗어난 고양된 언어를 발견할 수 있으며, 이와 함께 더불어 존재하는 것들의 지속적인 연관성을 보여준다. 그것은 본질적으로 현재성에 놓여있는 존재자들에 대한 반성적 차원에서 성찰적 언어를 통해 자신을 드러내며 고백적으로 사유하면서 일방성이 소실된 인간 존중에 대한 정체성을 밝히는데서 비롯되는 듯하다.

한편 그의 의식은 자기 자신에게 던지는 질문이기도 하지만 타자와 세계에 대한 배려가 내재되어 있다. 이러한 시적 정체성은 외부 세계의 풍경과 혼재된 시공간 속에서 함께 어우러져서 형성된다. 요컨대

단순히 존재하거나 피상적인 관계 속에서 그의 시가 기능하는 것이 아니라 이른바 서정성을 통해 시적 지평을 확보하고 있다는 점이다. 이를 위해서 타자의 시선이 아닌 적극적으로 개입하는 입장에서, 눈으로 보는 것이 아닌 몸으로 느끼는 체험이 동반되고 있다. “오리를 가자면 십리를/ 겉옷 달라면, 속옷까지/ 서로, 사랑하라!”(「손가락 질 당하는」)와 같이 숭고한 인간애의 정신을 일관되게 주목하면서 욕망의 투사나 분열적 방식이 아니라 공동체적 존재의 합일적인 방식으로 나타낸다.

2.

하이데거는 “그 다양한 가능성에서 현존재가 배려된 세계와 서로 관계하는 존재, 자기 자신과 상호 관계하는 본래적 존재와 서로 얽혀 있는 현존재의 재구성을 말하는 것임을 알 수 있다. 상호존재는 우선적으로 이러한 존재 안에서 공동으로 배려되는 것에만 기초하는 경우가 많다.” 마르틴 하이데거, 전양범 역, 『존재와 시간』, 2015, 159쪽.

본래적 존재가 말하는 상호 관계 속에서 그의 시가 던지는 메시지는 인간존중의 위로로부터 오면서 그것은 동정이나 연민 등의 일체의 거시적 시선을 제거하였다는 점에서 그의 시는 타자와 세계에 동화되고 있다. 이러한 의미에서 시인의 시의식은 현존재와 합일

되어 조우하면서 이른바 인간존중과 존재 위로의 방식과 차원을 넘나들며 인간적인 울림으로 전달된다. 그럼으로써 그의 체험이 특수한 것으로 끝나지 않고 보편적인 정서 속에 파고들면서 주관성이 제거되고 세계와 연계된 상태로 공유하며 서정적 공감을 이루어 낼 수 있는 것이다.

산마루 비탈 금 따라서 이편저편 헤어진 빗방울
골 금 자국 때문 다시 모여지니
부르짖는 기도

웅덩이가 길 막으면
넘쳐흐르는 용기에게 하소서!
가난한 쇠죽통 소의 한 번 미소가 되더라도,

친구 하나 없어도
횡포로 가을농부 울리는 태풍
친구는 되고 싶지 않습니다.

물고를 넘지 못하고 숨을 다하더라도
피 서방네, 각 서방네, 논배미
마른 목 축축하게 하리이다. 한 방울까지

약속 잊지 않았지?
함께

춤추며, 노래하며,

도란도란 길나서는
계곡물

—「개여울에서」 전문

이 시편은 '빗방울'의 흩어짐과 다시 모임 그리고 세계 내 존재하는 것들의 어울림과 유통의 방식을 보여준다. 그것은 "산마루 비탈 금 따라서 이편저편 헤어진 빗방울/ 골 금 자국 때문 다시 모여지니/ 부르짖는 기도"가 되어 세계와 접촉하는데 있다. 여기서 '빗방울'은 신령한 기도와 통하는 영적인 언어로 파생되는데 그에게 '영'이란 관념이 아니라 실체화 된 경험칙의 산물이라는 점이다. 한 인간이 그 육체 안에서 보이지 않는 어떠한 존재가 존재의 길과 그에 따른 방향을 결정하는 것과 같다. 이처럼 시인에게 영이란, 존재가 자신의 육체를 지배하면서 자아의 생활 방식을 선택하는데, "웅덩이가 길 막으면/ 넘쳐흐르는 용기에게 하소서!"라는 영적 명령을 통해 마음과 신체를 움직이게 하고 그것은 일정한 체계로 연결되어 계통된다.

한편 그에게 영적 개시는 자아성찰과 자기반성으로 출발해서 세계로 나아가는 것으로 "물고를 넘지 못하고 숨을 다하더라도/ 피 서방네, 각 서방네, 논배미/ 마른 목 축축하게 하리이다."라는 시의식이 지배적으로 드러난다. 그러므로 여기서 "한 방울까지"는 영혼의 목을 축이는 고백적 언어로서 "함께/ 춤추며, 노래하며" 세계라는 계곡의 길을 나서는 '계곡물'로 형상화되는 것이다. 이처럼 그에게 계곡은 영혼의 안식처인 「휴양림」이 되기도 하는데, "계곡 새벽에 발을 폭 담그니// 새들, 계곡물, 바람, 숲의 합창이/ ㅏㅣㅜㅔㅗ, ㄱㄴㄷㄹㅁ, 도미솔, 파라도/ 찌든 마음 쓰레기 쓸어 담고" 오르는 '하늘 계단'으로서 그의 시상의 심연에는 초월적인 것까지 연계되어 있다는 점이다.

3.

시는 사회적으로 다양한 제도와 관습 하에서 영향받을 수밖에 없는데다가, 특정한 초월적 세계관을 가진 시인은 사회적 윤리나 도덕뿐만 아니라 초월적 신념이 시적 세계관으로 배태되기 마련이다. 그와 마찬가지로 장규환 시인 역시 사회적 욕망 속에서 초월적 신념을 지키려고 하는 의지가 내재된 상태에서 현실을 대면하며 자신의 의지와 실천력으로 인간적 욕망을 극복하자고 한다. 그렇다고 그의 세계관은 현실에서 독자적으로 나타나지 않으며 공동체와의 연대성을 통해 세계와 어우러져 있다는 것인데, "봄비가/ 초록 젖꼭지/ 물리니// 바람의 춤사위/ 계곡물 돌돌돌/ 들풀 둥실둥실"(「신전마을, 4월 노래」)처럼 하나의 접촉에서 거치는 것이 아니라 그것은 세계 속으로 전파

되는 "호수 비늘 줄 천, 천/ 햇살 천, 천 현絃을/ 소슬 바람이 뜯으니" 서로의 파장으로 존재하게 되는데 있다. 마치 그의 「인생」과 같이 "하늘에/ 이마 붙인 산꼭대기/ 따라서" 사는 삶은, 그가 추구하고 있는 신적 세계관과 연결되어 "자연풀, 꽃, 돌, 봉우리, 나무, 산, 봉오리 내음/ 산새, 벌래, 바람, 소리 향수/ 온통 품기며 마을로 내려온" 것으로 그 근원에는 "마을에서 바라보면/ 구름 둥둥/ 산꼭대기 거기"를 상징적으로 향하고 있는 초월성에 기초하고 있음을 파악할 수 있다. 또한 사물의 배후에 있는 근원적 속성들을 감각적으로 포획하고 땅과 하늘 사이에 놓인 인간과 자연 그리고 사물이 함께 분리되지 않고 공생적 주체라는 상식을 재차 성찰로서 확인하게 된다.

떨어진 예쁜 단풍잎
가랑잎굴렁쇠 만들더니
바람이 갈, 갈, 노래 시키며 데려간다.
훌쩍,

빈 몸 되어서, 모두
천사 노래 들으며 따라가겠지
문득

좋아하는 책도,
성공하고 싶어 하던 일도,

사기 당했던 것도,
사기 친 일도,

손 놓아진 채.

책망 받지 않으려고
끝까지 속이려 했던 변명
고백하는 나이
곁눈질 무시하고,

남겨진 세월에서는
주인답게

—「칠순 넘으면」 전문

존재를 확인하는 방식 중에 하나가 나이인바, 나이는 사람의 연대기를 구분할 수 있는 장치일 뿐 그것만으로 한 인생의 축척된 삶의 퇴적물을 직감할 수 없다. 누구에게나 나이는 지나온 시간을 현재성에 입각하여 파악하는 것인데, 이때 나이를 뒤돌아본다는 것은 살아온 자신의 계적을 성찰하는 것과 다르지 않다. 마치 어느 가을날 "떨어진 예쁜 단풍잎"을 보면서 그렇게 "빈 몸 되어서, 모두" 떠나갈 자신과 세계를 바라다보는 것이기도 하다. 이처럼 그는 칠순에 이르러 자연과의 관계 차원에서 동반자적인 삶을 형상화하면서 "좋아하는 책도/ 성공하고 싶어 하던 일도/ 사기 당했던 것도/ 사기 친 일도// 손 놓아진 채"로 진정한 삶을 위협하는 욕망에 대한 반성과 탐색으로부터 인간과 자연의 조화로운 삶을 향한 윤리적 시선이 배여 있다.

그의 이러한 고백은 "남겨진 세월에서는/ 주인답게" 살려고 하는, 주체로서의 성찰이 가미되면서 죄와 거짓을 버리고 정직을 목표로 한다. 요컨대 "책망받지 않으려고/ 끝까지 속이려 했던 변명/ 고백하는 나이"에 주체의 욕망을 벗으려는 시도가 그것을 말해준다. 이러한 고백적 언어는 누추할 때가 많지만 고백할 수 없는 것을 말해야 하는 자아성찰과 자기반성 앞에서 그는 자신이 통과해온 기억을 소환함으로써 비로소 정직해 질 수 있다는 것을 의미한다. 이러한 측면에서 그의 고백은 "엎드려 기도하는/ 가뭄"(「독서」)으로 표상되며 기도하는 마음으로 자아성찰의 다짐을 통해 "닫힌 창문 통과하여/ 방안 가득해지"는 햇빛을 정면으로 마주하게 되는 것이다. 그렇지만 고백은 무의식에 있는 바닥에서 거짓되고 위선적인 자신을 건져 올리는 것이므로 스스로 드러냄의 고통이 수반된다는 점에서 용기가 필요하다.「낙엽되기 전」에서 보여주듯 "눈이 쌓이면/ 봄 여름 가을 겨울 찾아온/ 발자국들, 엽서에 박제하고/ 시詩 한 수 보태서 우체통에 넣는" 것처럼 그는 칠순의 나이에 이르러 자신의 살아온 삶의 풍경을 봄, 여름, 가을, 겨울로 바라보면서 발자취를 뒤 돌아 보는 것이다. 따라서 여기서 보이는 시의식은 그러한 '발자국들이 박제된' 것으로서 과거의 자신에게 보내는 '엽서'가 바로 그의 시편이라는 사실이다.

4.

웅덩이 물 한 덩어리 만드는 겨울바람에도
벌거숭이 가지 바람마찰 한 나무

비릿한 속살
젖비린내

몸 푼
조갑 손
일제히 내밀어서

손등마다
햇살 아침 실한 봄살 골라서
이슬등 불 밝히고

배냇저고리 짓는 숲노래
돌돌돌 가락

종다리 편에 하늘

올려 보내는,

햇볕과 물

못자리, 이앙기, 가을걷이 맞춰서

적당하게!

—「봄맞이, 품의서」 전문

장규환의 시편은 드러난 것을 감추고, 감추는 것을 드러내야 하는 자신의 체험과 기억을 '시어의 속살'로 어루만지며 정서의 여백을 채우는 '고백의 언어'라고 할 수 있다. 그것은 상징적인 비유를 통해 현현되는데, 양식화된 시적 언어로 치환될 때 서정성과 교차된다. 그러면서 공감을 형성하고 공유화됨으로 보편성을 획득하고 현실로부터 그 너머에 있는 새로운 세계와 인식을 재구성하려는 시적 원리를 통해 감춤과 드러냄의 미학 속에서 조금 더 근원적인 것을 발견하게 해 준다. 말하자면 "웅덩이 물 한 덩어리 만드는 겨울바람에도" "벌거숭이 가지 바람마찰 한 나무"에서도, 그 '비릿한 속살'을 감각하게 하면서 사물들의 내면에 있는 고유한 정체성을 기록한다. 그것도 언어의 "손등마다/ 햇살 아침 실한 봄살 골라서/ 이슬등 불 밝히고" 있는 것을 포착해서 감각적으로 기록해 낸다. 달리 말하자면 시인 내면에 불을 밝히고 있는 영혼과 초월적 연원하는 진리 사이에서 이루어지는 비분리에의 시적 소통을 통해 근원적인 것에 다가서는 것이다. 그렇지만 현실의 갈등과 분열 그리고 폐

허를 불식시키는 생명성으로 치유하려는, '언어적 모색' 이 그의 이번 시편 곳곳에서 펼쳐진다.

그러한 차원에서 '봄살' 과 '이슬등' 은 시인이 창조해낸 생명에의 '치유적 조어' 로서 우리는 그의 시를 통해 '봄의 살' 을 만질 수 있고, 봄을 촉촉히 밝히는 '이슬의 등' 과 조응할 수 있게 된다. 이처럼 그의 시편들은 그가 세계를 바라보는 따듯한 시선과 연륜에서 얻어진 반성과 성찰이 투고한 결과물이라는 사실이다. 그의 세계관은 우주와 만물들은 인간이 지배하는 것이 아니라 인간과 같이 생명을 가진 모든 존재는 동일하다는데서 출발한다.

시인은 그러한 존재들에게 귀를 기우리고 그들의 언어를 읽는데 "추녀 끝, 마당귀, 돌담, 잎사귀 가장자리까지/ 고요 번진 퉁소소리 같은/ 달별 해조음// 산마루 위에서는/ 별똥별 발레와 별들 돌림노래/ 절정인 뮤지컬// 은빛자락이/ 고샅 끄트머리 담벼락/ 꽉 채운 호박꽃, 삽짝 기웃거리고// 온 골목 피어오른 는개 덮어서/ 배냇저고리 포대기 두고 떠난" 것들을 지울 수 없는 시어로 깊이 새긴 '주홍글씨' 라고 할 수 있다.

살펴본 그의 시편들은 초월적 세계관에서 대부분 발생하고 있는데, 이것은 신으로부터 개시된 이른바 '신탁의 소리' 에 가까운 인간 존재에 대한 구원이라는 상징성이 반영되어 있다. 이러한 점에서 그가 소망하는 봄은 단순한 자연의 순리처럼 또 다시 온 것이 아니라 그것조차도 신성한 신의 섭리라는 것이다. 현실 너머 있는 진리를 재현하고 접촉한다는 것은 그 만큼 시인이 가진 시심 속에 내포된 초월적 세계관이 진리를 통해 열려 이성과 논리로는 통할 수 없는 어떠한 지점에 도달해 있다는 것을 의미하기도 한다.

이처럼 장규환 시인이 가진 총체적 세계관의 발로는 바로 "낭패당한 한 사람/ 더 사랑하는/ 하나님 마음"(「섬김」)에 다가서기 위해 깨어 있는 의식이면서 그것을 자신의 삶으로 하나, 둘 실현해 나가기 위함이다. 자아성찰과 자기반성으로부터 시작된 고백에의 언어는, 나아가 타자와 세계에 대한 이해와 배려로 통하고, 그의 시의식과 삶이 분열되지 않는 사고의 일체성과 언어의 통합성을 실현해 나가고 있다. 그러기에 "새벽 기도 함께 한 아내/ 집사람 조금만 나보다 더 머물게 하소서!/ 되새기며"(「문섬 횟집」). "깜깜하게 흘러나오는/ 눈물 묻은 기도소리"(「지울 수 없는 순간」)까지도 "하나, 하나/ 기도"(「배움, 손자에게」)하는 그의 시편들은 인간 내면의 본질을 더듬는 언어의 속살로서 '고백의 신전' 에 바치는 '성찰의 시편' 이라고 할 수 있다.